UN LIBRO DORLING KINDERSLEY
www. dk. com

Edición Jane Yorke
Dirección editorial Mary Atkinson
Edición de arte Karen Lieberman
Dirección artística Chris Scollen
Diseñadora Mary Sandberg
Diseño por computadora Phil Keeble
Producción Josie Alabaster
Investigación fotográfica Jamie Robinson
y Lee Thompson
Traducción Susana del Moral Zavariz

Publicado originalmente en inglés por
Dorling Kindersley Ltd., 9 Henrietta Street,
Londres WC2E 8PS
Título original en inglés: *Land/Sea*

2 4 6 8 10 9 7 5 3 1

© 1999 Dorling Kindersley Ltd., Londres
© de la idea y el texto por Claire Llewellyn

Editado en México, en 1999, por
Casa Autrey, S.A. de C.V., División Publicaciones,
Av. Taxqueña 1798, Col. Paseos de Taxqueña,
C.P. 04250, México, D.F.
Tel: 624-0100 Fax: 624-0190

Reproducción de color por Colourscan, Singapur
Impreso y encuadernado en Italia por L.E.G.O.

ISBN 970-656-282-6

Contenido

Índice de la Tierra

LA TIERRA

Descubre las maravillas de la vida en tierra firme

Claire Llewellyn

Casa Autrey
División Publicaciones

Rocas **duras** forman el **piso** bajo nuestros **pies**.

Montañas elevadas
En algunas partes del mundo las rocas se amontonan y forman elevados picos.

Un oso de montaña necesita una cálida capa de pelo

Caverna rocosa
El agua de lluvia se filtra al subsuelo. Carcome la roca y deja túneles y cuevas.

Algunas piedras están formadas por granos que brillan.

Rocas
Hay rocas de diferentes colores y formas. Algunas son muy duras. Otras son muy suaves.

Algo de la tierra
Los terremotos en tierra hacen que el suelo se sacuda. Los edificios pueden caerse.

Algo del mar
Los terremotos bajo el mar provocan olas gigantes llamadas Tsunami.

Rocas al rojo vivo
Muy en lo profundo de la Tierra hay roca derretida muy caliente. A veces sale por los volcanes.

La roca derretida se llama lava.

Los animales terrestres escalan, saltan, cavan y corren.

El rey de la montaña
Una cabra de montaña camina con seguridad. Puede saltar de una roca a otra en los picos más altos.

Columpiándose
Un gibón usa sus brazos largos y fuertes para columpiarse de un árbol a otro en la selva tropical.

Salto de rana
Una rana salta para escapar del peligro o para atrapar a una mosca que pasa cerca de ella.

Algo de la tierra
La piel rayada del tigre le ayuda a ocultarse entre los árboles del bosque y la hierba alta.

Algo del mar
El pez platija tiene la piel manchada para ocultarse en el fondo del mar.

Los brazos de un gibón son más largos que sus piernas.

Los largos dedos ayudan al gibón a sostenerse de las ramas.

Excavación profunda
Los conejos usan sus fuertes patas para cavar madrigueras bajo el suelo.

Trenes, autos y bicicletas recorren la tierra.

Calles y puentes

Los autos son rápidos y cómodos. Los grandes puentes pavimentados hacen que sea fácil para el tránsito cruzar los ríos.

Las bicicletas usan la fuerza del ciclista que pedalea.

Un paseo en bicicleta

Una bicicleta es barata y fácil de conducir, y nunca se queda atrapado en un embotellamiento.

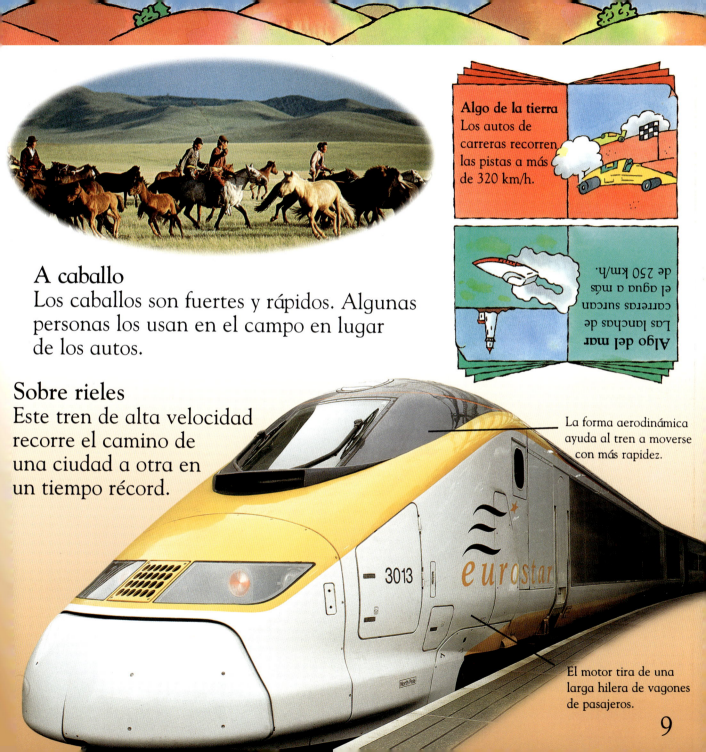

Algo de la tierra
Los autos de carreras recorren las pistas a más de 320 km/h.

Algo del mar
Las lanchas de carreras surcan el agua a más de 250 km/h.

A caballo
Los caballos son fuertes y rápidos. Algunas personas los usan en el campo en lugar de los autos.

Sobre rieles
Este tren de alta velocidad recorre el camino de una ciudad a otra en un tiempo récord.

La forma aerodinámica ayuda al tren a moverse con más rapidez.

3013

*euro*star

El motor tira de una larga hilera de vagones de pasajeros.

9

Las cosechas de alimentos crecen en tierra fértil.

Frutos de la Tierra
Muchos árboles y plantas dan frutos buenos para comer.

Cosecha de trigo
El trigo es la cosecha más important del mundo. Este grano se usa para hacer cereales, pasta y pan.

¿Podría sobrevivir un pez en tierra firme?

No. Los peces tienen agallas
y sólo pueden respirar agua.
En tierra se sofocarían.

Abre las ventanas y ve las diferencias entre la vida en el mar y la tierra.

Sobre las pezuñas

Un caballo galopa sobre dos dedos ocultos en las duras pezuñas de tejido similar al de los cuernos.

Buceo profundo

Un submarino puede llegar hasta a tres kilómetros bajo la superficie del mar.

En la cima del mundo

La tierra del Tibet se encuentra tan alto, por encima del nivel del mar, que se le conoce como "el techo del mundo".

Aire marino

Los buzos llevan tanques de aire para poder respirar bajo el agua.

Piedras preciosas

Los mineros taladran las rocas del subsuelo en busca de piedras preciosas.

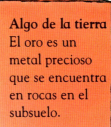

Algo de la tierra
El oro es un metal precioso que se encuentra en rocas en el subsuelo.

Algo del mar
Las perlas son cuentas hechas de madreperla. Se encuentran en algunas ostras.

Un diamante cortado

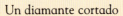

¡Fuera abajo!

La madera de los troncos de los árboles se usa para construir y para hacer muebles y papel.

...nos ...rigo

11

Las bondades de las algas

Las algas están llenas de cosas buenas. Se usan como alimento y como fertilizante para cosechas.

Algas sujetas a las rocas del fondo del mar.

Algo de la tierra
Las selvas tropicales son preciosas, pero muchas se talan para crear tierras de cultivo.

Algo del mar
Los arrecifes de coral necesitan protección contra los buzos y la contaminación.

Pasa la sal
Hay sal que se recoge de lagos de agua de mar que se secan al Sol.

Rocas antiguas

Este antiguo fósil de una hoja se encontró en una roca y tiene 25 millones de años de edad.

Gran Barrera de Coral

La Gran Barrera de Coral en Australia mide 2,000 km de longitud.

Mariscos deliciosos

La hermosa concha del delicioso abulón se usa para hacer joyería.

Una buena cosecha

Una cosechadora combinada puede contener trigo suficiente para hacer más de 7,000 hogazas de pan.

Bellos caballitos

La mayor parte de los peces nadan con la cabeza por delante, pero los caballitos de mar nadan en posición erguida.

¿Podría un conejo vivir en el **mar salado**?

No. Un conejo tiene pulmones y sólo puede respirar aire. Se ahogaría en el mar.

Abre las ventanas para comparar la vida en el mar con la de la tierra.

Los frutos del mar: cosas buenas para comer.

Los peces se escogen y se empacan en hielo.

Una delicia
Las langostas se atrapan con trampas para langostas que usan trozos de pescado como carnada.

Flotilla pesquera
Los pescadores a menudo se ven en aguas peligrosas mientras buscan una buena pesca.

¡A remar!
Durante cientos de años las canoas se han usado como transporte. Ahora estos botes rápidos y ligeros se usan también para hacer deporte.

Algo del mar
Los botes salvavidas se usan para rescatar a los marineros en mares tormentosos.

Algo de la tierra
Se usan ambulancias para llevar a la gente herida o enferma al hospital.

En un bote de vela
Una enorme vela atrapa el aire suficiente para impulsar a un bote.

Cabinas cómodas para los pasajeros.

Botes pequeños y poderosos barcos navegan en los océanos.

Buceo profundo
Los científicos usan submarinos especiales para ir a estudiar el fondo del mar.

Tranquilidad en el mar
Algunas personas pasan sus vacaciones en el mar. Abordan cruceros de lujo que van de un puerto a otro.

Aspira y expira
Un pulpo se mueve al llenar de agua su abolsado cuerpo y luego expulsarla con rapidez.

Algo del mar
Muchos peces viven en grupos llamados cardúmenes, que son difíciles de atacar.

Algo de la tierra
Las cebras viven en manadas. Es difícil para un león atacar a una manada.

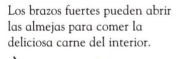

Los brazos fuertes pueden abrir las almejas para comer la deliciosa carne del interior.

Un mundo de peces
En el mar existen alrededor de 15,000 distintos tipos de peces.

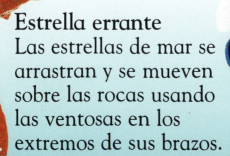

Estrella errante
Las estrellas de mar se arrastran y se mueven sobre las rocas usando las ventosas en los extremos de sus brazos.

Las criaturas del mar nadan con sus colas y aletas.

Delfines que bucean
Los delfines viven en el mar, pero salen
a la superficie para respirar.

Diminutos pies
cilíndricos

Un mar de hielo
Cerca de los Polos
el mar se congela
en invierno, pero
lentamente se
deshiela en primavera.

Algo del mar
En el fondo
del mar hay
montañas.
Algunas
sobresalen
del agua.

Algo de la tierra
Las montañas se
elevan sobre la
tierra. Las más
altas están cubiertas
de nieve.

Los practicantes
del surfismo se meten
dentro de las olas.

Viento y olas
Los fuertes vientos que
soplan en el mar
forman las olas.

El agua de los océanos está siempre en movimiento.

Mar salado
La mayor parte de la Tierra está cubierta por mar. Rodea playas y costas rocosas.

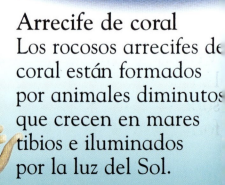

Arrecife de coral
Los rocosos arrecifes de coral están formados por animales diminutos que crecen en mares tibios e iluminados por la luz del Sol.

EL MAR

Explora el mundo oculto bajo el océano

Claire Llewellyn

Casa Autrey
División Publicaciones

Contenido

Índice del mar

Ilustrado por Sally Kindberg
Fotografía de Max Alexander, Jane Burton, Peter Chadwick, Andy Crawford, Geoff Dann, Philip Dowell, Mike Dunning, Steve Gorton, Frank Greenaway, James Jackson, Colin Keates, Dave King, Richard Leeney, Ray Moller, Susanna Price, Tim Ridley, Tim Shepherd, Steve Shott, Harry Taylor, Andreas von Einsiedel, Jerry Young.

Los editores quisieran agradecer el permiso otorgado para la reproducción de sus fotografías a:

a = arriba, c = centro, b = abajo, i = izquierda, d = derecha, s = parte superior

La tierra
De Beers: 11si; **Julian Cotton Photolibrary:** 3, 5bd; **Robert Harding Picture Library:** Nick Wheeler 8si; **Photonica:** G+J Fotoservice/Ernst Wrba 5si; **Pictor International:** 4c; **Tony Stone Images:** Stefan Reiss 6; Andy Sacks 10-11c; **Telegraph Colour Library:** V.C.L. 7i.

El mar
Britstock-IFA: 8-9b; **AP&F/Rob Gilley** 5bd; **Bruce Coleman Ltd.:** Nicholas de Vore 10-11c; **Exeter Maritime Museum:** 10-11ac; **Image Colour Library:** 9 c, 10bi; **Tony Stone Images:** John Beatty 5si; Chuck Davis 6c; Simeone Huber 4-5; **Telegraph Colour Library:** V.C.L. 3.

Lámina
Planet Earth Pictures: Gary Bell ibc; Flip Schulke dbc; **Tibet Images:** Norma Joseph isd.